Emile Henry Carnoy

Contes picards
d'hier
et d'aujourd'hui

I. DICK-ET-DON

Un tisserand reçut un jour la visite d'un homme qui lui apportait une balle de lin à tisser. L'homme lui dit :

— Je viendrai chercher ma toile dans huit jours, et je vous donnerai neuf écus. Si elle n'est pas prête pour le jour dit, vous aurez de mes nouvelles.

Puis il partit laissant le paysan fort étonné. Celui-ci travailla à sa toile avec ardeur, il y employa même ses nuits sans pouvoir en faire le quart.

« Je suis perdu, se dit-il, il me faudrait encore un mois pour terminer le tissage de ce maudit fil. Ah ! je donnerais beaucoup à celui qui pourrait m'aider. »

Comme il finissait de parler, un petit homme habillé de vert ouvrit la porte de la maison et sauta aux pieds du tisserand.

— Je viens te tirer d'embarras, dit-il en entrant ; j'ai entendu ta demande et me voici. Je commande que ta toile soit achevée à l'instant. En échange, je prendrai ton âme, si tu ne me dis pas quel est mon nom dans trois jours. Tu auras trois noms à dire : le mien devra s'y trouver. Au revoir !

Le petit homme vert sauta dans la cheminée et disparut. Quant au tisserand, jetant les yeux sur sa toile, il la vit achevée, prête enfin à être livrée à son propriétaire. Le pauvre homme se trouva encore plus mal pris qu'aupa-ravant. Comment découvrir le nom de ce diable (car c'en était un assurément) ? C'était difficile ou plutôt impossible. Le lendemain, l'homme mystérieux se présenta chez le tisserand, prit la toile, et donna douze écus au lieu des neuf promis.

Le paysan avait sa marraine au village voisin. Or elle était fée. Il alla la trouver et lui demanda ce qu'il devait faire.

— Va demain au bois ; cache-toi bien dans les broussailles et ne manque pas de venir me dire ce que tu auras entendu.

Le lendemain le tisserand alla se cacher de bonne heure dans le bois. Le soir arriva ; il n'avait rien entendu. Il commençait à perdre espoir lorsqu'il entendit les branches craquer au-dessus de sa tête. Un grand diable noir sauta et vint tomber aux pieds du paysan qui ne bougea pas. Le diable remonta sur un arbre et se mit à dire d'une voix criarde :

Dick-et-Don ; Dick-et-Don ;
Ch'é min nom.

I nol séro point[1] !

Il répéta longtemps ces mots, et toujours de plus en plus fort. A la fin il s'éloigna. Longtemps encore le paysan entendit résonner dans le lointain :

Dick-et-Don ; Dick-et-Don ;
Ch'é min nom.
I nol séro point !

Le tisserand revint et alla trouver de nouveau la fée sa marraine.

—Eh bien ! lui dit-elle ; qu'a dit le diable ?

—Il a dit : *Dick-et-Don, ch'é min nom, i nol séro point.*

—Tu peux te jouer de lui ; il se nomme Dick-et-Don ; retourne chez toi ; il ne tardera pont à y arriver.

Le paysan fut bientôt chez lui. Il s'assit tranquillement devant un bon feu et attendit l'arrivée de messire Satan. Un grand bruit se fit entendre dans la cheminée et un petit homme tomba dans le feu et fit voler des myriades d'étincelles. C'était le diable qui, s'adressant au tisserand, lui dit d'un ton goguenard :

—Eh bien ! as-tu trouvé mon nom ? Voyons un peu jusqu'où va ton savoir.

—Je crois l'avoir trouvé. T'appelles-tu Jean ?

—Non ; répondit le diable tout joyeux et dévorant le paysan des yeux.

—T'appelles-tu Pierre ?

—Non.

Cette fois le diable se tint prêt à sauter sur sa victime pour l'emporter avec lui.

—T'appelles-tu... Il ne faut pas se tromper. Ne serait-ce pas... Dick-et-Don ?

Satan poussa un rugissement affreux et se sauva par où il était venu. La maison se trouva remplie d'une fumée noire et suffocante qui obligea le paysan à sortir pour quelques instants.

Depuis ce temps, le tisserand n'entendit plus parler du diable Dick-et-Don.

Conté le 12 janvier 1878,
par Alfred Haboury, d'Acheux (Somme)

---

[1] Dick-et-Don, c'est mon nom. Il ne le saura point.

5

II. LA BICHE BLANCHE

Un jeune prince partit un jour pour la chasse. Une trentaine des plus grands seigneurs de la cour le précédait. Lorsqu'on fut dans la forêt, on se dispersa de côté et d'autre selon son caprice et sa fantaisie. Le prince ayant aperçu un cerf magnifique s'élança sur ses traces. Il courut presque toute la journée, toujours devancé par l'animal qui semblait ne point se lasser de la poursuite à laquelle il donnait lieu. Enfin le cheval du prince tomba mort et le cerf disparut dans le lointain.

Le prince s'arrêta dans une clairière, tira quelques provisions de sa gibecière, et se mit à manger avec un appétit aiguisé par la longue course qu'il venait de faire. Puis le jeune homme se reposa sur le gazon. Il fut tout étonné de voir dans un fourré quelque chose de blanc qui s'avançait vers lui. Le prince ne bougea pas et reconnut une biche blanche.

«Quel joli animal!» se dit-il; «je donnerais beaucoup pour l'avoir. Comme ma mère serait contente si je la lui rapportais!»

En disant ces mots, il prit de petits morceaux de pain et les jeta à la biche blanche qui les mangea sans se montrer effrayée. Le prince continua ce manège et voulut amener l'animal à ses pieds en lui jetant du pain près de lui. Mais la biche n'approcha pas.

«Puisqu'elle ne veut point approcher, je vais la tuer. Cela me sera facile, elle est si près de moi!»

Le prince prit son fusil, ajusta la bête, tira, et... ne vit plus rien: la biche blanche avait disparu.

Après avoir erré à l'aventure pour trouver un chemin qui le conduisit hors de la forêt, le jeune homme s'aperçut qu'il était perdu. Le soir était venu. Il fallait trouver une cabane, ou se résoudre à passer la nuit à la belle étoile. Le prince grimpa sur un arbre élevé et regarda autour de lui. Une petite lumière brillait au loin à travers les branches. Il prit son mouchoir blanc dans lequel il avait lié une pierre, et le jeta du côté de la maison. Ensuite il descendit de l'arbre et marcha dans la direction de son mouchoir. Il ne tarda pas à arriver devant une riche habitation.

—Pan! pan!

—Qui est là?

— C'est le fils du roi qui vous demande hospitalité.

— Entrez ; vous serez le bien venu.

Une grande et belle femme vint ouvrir au prince. Elle lui servit à manger, lui montra sa chambre et le fit coucher. Le lendemain matin, il lui raconta ses aventures dans la forêt sans omettre sa rencontre avec la Biche Blanche.

— Ah ! vous avez vu la Biche Blanche ? lui dit la femme.

— Oui ; je donnerais mille écus pour la rapporter à la reine, ma mère.

— Eh bien ! cette biche m'appartient. Elle n'est ni à vendre ni à donner, mais elle est à gagner.

— Que me faudrait-il faire ? Je suis prêt à tout entreprendre pour l'obtenir.

— Alors, suivez-moi ; je vais vous montrer la tâche que vous avez à remplir.

La fée (car c'en était une) conduisit le prince dans une grande forêt, et, lui donnant une scie, une pioche et une hache, lui dit :

— Vous allez, à l'aide de ces instruments, couper, lier, mettre en bûches et en fagots, le bois que vous avez devant les yeux. Ensuite vous défricherez le terrain, qui devra pour ce soir être rempli de plantes rares et de fleurs précieuses. Je veux aussi qu'on puisse voir une mouche voler d'un bout à l'autre du jardin. Si vous n'avez point terminé au coucher du soleil, j'enverrai des dragons vous dévorer.

La fée s'éloigna. Le prince se mit aussitôt au travail. Aux premiers coups ses outils se brisèrent : ils étaient en carton. Le jeune homme se mit à pleurer. « Hélas ! » disait-il, « que ne suis-je resté au château de mon père ; je ne serais point exposé à être dévoré par les dragons ! Maintenant ma perte est certaine ! » Tout en se lamentant ainsi, il vit venir à lui une belle demoiselle qui lui apportait à manger. Elle était envoyée par la fée dont elle était la fille.

— Mon beau prince, qu'avez-vous à pleurer ainsi ? Ne pourrait-on pas vous consoler ?

Le jeune homme lui dit quelle tâche il devait remplir pour le soir.

— N'est-ce que cela ? Il y a vraiment de quoi pleurer ! ah ! ah ! mangez : je vous tirerai d'affaire.

La fille de la fée prit une baguette et dit :

— Par la vertu de ma petite baguette, je commande que ce bois soit coupé et lié, et qu'à la place s'élève un jardin magnifique entouré d'une grille et rempli de fleurs.

Elle avait à peine terminé que tout se trouva fait. Puis elle retourna au château. Le soir venu, la fée vint trouver le prince et fut toute étonnée de voir un beau jardin à la place de la forêt.

— C'est bien, dit-elle ; mais la Biche Blanche n'est pas encore gagnée. Je vous ferai subir demain une nouvelle épreuve.

Le lendemain, elle conduisit le fils du roi devant un grand étang, lui remit trois seaux, et lui dit :

— Ce soir, cette eau devra être vidée et jetée par-dessus la montagne. A la place vous construirez un château plus beau que celui du roi votre père. Sinon, vous serez dévoré par les dragons.

La fée partie, le prince voulut enlever un seau d'eau. Le seau creva et l'eau retomba dans l'étang. Il essaya les deux autres seaux sans plus de succès : ils étaient en papier. Le jeune homme s'assit sur le bord de l'étang et se mit à pleurer. La deuxième fille de la fée lui apporta à manger et résolut de le tirer encore d'embarras. Prenant sa baguette magique, elle dit :

— Par ma baguette, j'ordonne que cet étang soit desséché à l'instant, et qu'à la place on aperçoive un palais magnifique.

L'eau du lac se vida aussitôt et un château la remplaça. Il était éclairé par trois cent soixante-cinq fenêtres, formées chacune de deux vitres ; douze portes donnaient accès dans son intérieur.

— Ne dites point cela à ma mère. Elle est si méchante qu'elle me tuerait ! lui dit la jeune fille en s'éloignant.

La fée ne voulut point encore donner la Biche Blanche au jeune prince.

Elle voulut lui imposer le lendemain une épreuve définitive. A cet effet, le prince eut pour mission d'aller porter un fruit à un des dragons enfermés dans une tour. S'il revenait sain et sauf, il aurait à choisir entre les trois filles de la fée. La Biche Blanche y serait. S'il la prenait, il l'aurait pour épouse ; s'il choisissait mal, il serait dévoré. Le prince dut accepter.

En allant porter à manger au dragon, il rencontra une des filles de la fée qui lui dit :

— Au-dessous de la porte de la tour, vous verrez un trou. Jetez-y le fruit et sauvez-vous. Je suis la Biche Blanche. Je me ferai connaître de vous en avançant mon pied droit devant ma jambe gauche. Adieu !

Le prince se conforma aux instructions qu'il venait de recevoir et revint au château. La fée fit placer ses trois filles devant lui et lui dit de choisir. Après les avoir examinées quelque temps, le prince désigna la Biche Blanche. La fée fut contrainte de la lui donner.

Le soir venu, le prince alla se coucher avec la jeune fée.

— Je crains ma mère, lui dit-elle ; je vais aller écouter ce qu'elle dit à mes sœurs. Elle est si cruelle qu'elle peut venir nous égorger d'un moment à l'autre.

Elle rentra quelques instants après et annonça au prince que sa mère allait venir les étrangler.

—Prends les bottes de sept lieues qui sont sous le lit, et suis-moi. Si tu vois venir quelqu'un derrière nous, avertis-moi.

Ils partirent tous deux en grande hâte. La fée arriva bientôt pour les tuer : le lit était vide. Elle appela une de ses filles et lui remit des bottes de quatorze lieues pour aller à la recherche des fugitifs. Elle lui recommanda aussi de les toucher si elle les apercevait, ce qui les rendrait immobiles jusqu'à son arrivée.

La jeune fille partit. Elle traversait en un saut les plus hautes montagnes et les villes les plus grandes.

Le prince ne tarda pas à l'apercevoir.

—Voici ta sœur, dit-il à sa femme ; nous allons être ramenés au château.

—Par vertu de ma baguette, je commande que tu sois changé en chapelle et moi en curé.

La jeune fille passa presque aussitôt sans faire attention à la chapelle. Ne trouvant aucune trace des fugitifs, elle revint trouver sa mère.

—Eh bien ! tu n'as rien vu ?

—Non, si ce n'est une chapelle et un sonneur.

—Et tu n'as point vu que c'était le prince et ta sœur !

De colère elle précipita sa fille dans la rivière. Puis elle envoya sa deuxième fille avec des bottes de vingt lieues. Le prince vit venir la jeune fille et en avertit la Biche Blanche qui s'écria :

—Par ma baguette, je commande que tu te changes en prunes et moi en prunier.

Sa sœur passa et repassa devant le prunier sans se douter de rien.

—As-tu rejoint ta sœur ? lui dit la fée à son retour.

—Non ; je n'ai vu sur mon chemin qu'un prunier chargé de beaux fruits rouges.

—Et tu n'as pas vu que c'étaient le prince et la Biche Blanche ! Tu vas périr comme ta sœur.

La fée précipita sa dernière fille dans la rivière et partit avec des bottes de trente lieues.

—Voici ma mère, s'écria la Biche Blanche. Je commande que tu te changes en poisson et moi en rivière.

La fée arriva aussitôt et ne fut point dupe du stratagème. Elle voulut toucher avec sa baguette le poisson et le ruisseau. L'eau se retira, et la méchante femme s'enfonça dans la boue et y mourut.

Le fils du roi parti seul pour le château de son père, laissant la Biche Blanche retourner à sa maison, d'où elle devait bientôt revenir. Elle avait recommandé au prince de ne point se laisser embrasser par ses parents, sinon il oublierait complètement et ses aventures et sa femme.

Il n'oublia point cette recommandation et ne voulut point permettre à ses parents de l'embrasser. Il se coucha. Sa mère s'approcha doucement du lit de son fils et l'embrassa. En se levant le lendemain, le prince reçut la visite de son père, qui lui demanda pourquoi il était resté si longtemps absent du palais Le jeune homme soutint qu'il revenait de la chasse et qu'il n'y était resté qu'une journée. On crut qu'il plaisantait.

Quelque temps après, le prince alla se promener avec deux jeunes seigneurs de ses amis. Ils entrèrent dans un des douze moulins du roi et y virent une belle demoiselle qui y était comme servante. Tous trois prétendirent la posséder. Ils convinrent de venir la trouver chacun leur tour pendant trois nuits.

Un des seigneurs arriva le soir et s'introduisit en secret dans le moulin. Il allait entrer dans le lit auprès de la servante, quand elle lui commanda de couvrir les tisons du foyer afin d'avoir du feu pour le lendemain. Le jeune homme prit la pelle et les pincettes et se mit au travail. Le feu continua toujours à brûler malgré ses efforts. Trois heures sonnèrent à l'horloge : il n'avait point réussi. De colère, il jeta les pincettes sur le pavé et fit un tel bruit que le meunier se leva et le mit en fuite.

Le lendemain, l'autre seigneur vint trouver la demoiselle. Elle lui donna à vider dans la cour un vase plein d'eau. Il eut beau verser ; le vase resta toujours plein. Il n'avait point terminé à deux heures du matin. Prenant le vase malencontreux, il le jeta sur une pierre et le brisa. La meunière se leva et chassa encore le seigneur.

C'était au tour du prince. Il arriva au moulin et alla trouver la servante qui lui dit :

—Vous ne coucherez avec moi qu'après avoir changé de chemise. En voici une ; mettez-la.

Le fils du roi ôta sa chemise et voulut la remplacer par celle qu'on lui donnait. Il ne put y parvenir : il en avait à peine une demi-aune sur le corps qu'elle se retirait d'une telle façon que le prince découragé déchira la chemise et la jeta par la fenêtre. Le bruit attira le meunier qui chassa le jeune homme à coups de fouet. Le fils du roi ne se vanta de rien, comme on doit le penser.

Un autre jour, il entra chez un cordonnier pour y acheter des souliers. La fille de celui-ci était belle ; elle plut au prince qui voulut l'épouser. Ses parents cherchèrent en vain à l'en détourner. Le mariage fut convenu. Les noces devaient durer trois jours. On y invita les douze meuniers du roi avec leur famille. La Biche Blanche, déguisée en servante, y fut appelée. Elle parut tout à coup avec une robe couverte de pierres précieuses La cordonnière lui témoigna le désir de posséder la robe.

—Je vous la donnerai, lui répondit la meunière, si vous voulez me laisser passer la nuit avec le prince.

Cela déplaisait fort à la cordonnière. Mais la robe était si belle! Elle accepta et fit coucher la Biche Blanche dans le lit du jeune roi. Elle ordonna aux valets de mêler l'opium au vin du prince, de sorte qu'il s'endormit en se couchant. La Biche Blanche voulut le réveiller. Il continua à dormir de plus en plus fort.

—Ah! beau prince, s'écria-t-elle, si tu savais que je suis celle qui te tira des mains de ma méchante mère, tu repousserais bientôt la vilaine cordonnière que tu dois épouser dans deux jours! Mais on t'a endormi!

La Biche Blanche fut obligée de se lever de grand matin. Elle sortit du palais pour rentrer bientôt après avec une robe encore plus belle que la première. Elle la céda à sa rivale aux mêmes conditions que l'autre. On endormit encore le prince. Il ne put entendre ce que lui dit la Biche Blanche. Un des valets avait tout écouté. Il raconta tout au jeune homme à son réveil. Celui-ci se promit de ne pas boire de vin de toute la journée.

Le soir la meunière se présenta avec une robe toute blanche qu'elle offrit encore à la cordonnière. Celle-ci n'en voulait point. La fille de la fée fit éteindre tous les flambeaux et l'on vit une robe de feu qui éblouissait les yeux par sa lumière. La cordonnière prit l'habit et fit entrer la Biche Blanche dans le cabinet du prince. Le jeune homme se coucha bientôt après et écouta ce que disait la jeune fille. Il la reconnut et lui jura de l'épouser.

Le roi son père fut bien étonné lorsqu'il vit son fils lu amener une belle princesse et lui dire:

—Sire, voici une jeune fille qui m'a sauvé la vie dans la forêt où j'avais été chasser. Elle m'avait recommandé de ne point me laisser embrasser par personne à ma rentrée. On l'a fait sans doute, car je ne me rappelais plus rien. Elle se nomme la Biche Blanche; je veux l'épouser à l'instant.

—Mais, la cordonnière?

—On lui donnera cent écus et on la mettra à la porte.

Les noces durèrent trois jours encore. J'y assistais. J'eus le malheur de laisser tomber un plat; on me donna un coup de pied dans le derrière pour m'envoyer vous raconter ce conte.

Conté en janvier 1878,
par A. Haboury, d'Acheux (Somme)

III. JEAN DES POIS VERTS

Une femme n'avait pas d'enfants. Elle entendit un jour une de ses voisines raconter qu'on en pouvait avoir en plantant des pois dans une terre préparée d'une certaine façon.

« Si j'essayais, » se dit-elle « je pourrais peut-être réussir à en avoir un ! Je vais en planter un boisseau. »

Elle bêcha un carré de son jardin et y planta ses pois. Elle les arrosa tous les jours jusqu'au moment où elle vit paraître des milliers de petites têtes d'enfants qui s'élevaient au-dessus du sol. Le lendemain, les petits garçons, hauts tout au plus d'un demi-pouce, couraient de tous côtés. La paysanne en fut embarrassée. Elle prit le parti d'aller voir une fée, sa marraine, pour lui demander conseil.

La fée prit tous les enfants, à l'exception d'un seul, et les changea en lutins qui s'envolèrent de tous côtés.

Voilà pourquoi il y a tant de *gobelins*, *d'houppeurs*, *d'herminettes*, de *fioles*, qui jaloux de n'être point des hommes, n'ont pas de plus grand plaisir que d'égarer les voyageurs et de leur jouer toutes sortes de tours.

Le petit enfant conservé fut appelé Jean des Pois Verts. Il resta toujours tout petit. La fée lui fit présent d'une voiture et d'un habit magnifiques. Celle-là était faite d'une aile de *dord-midi* (coccinelle) ; les chevaux étaient deux *bibaches* (demoiselles) ; le cocher, une petite guêpe, et les laquais, deux fourmis noires. Son habit était une toile d'araignée, ses jarretières deux *filés-Madame* (fils de la Vierge).

Il vivait heureux avec sa mère, lorsque des voleurs attaquèrent la maison. Ceux-ci voulaient le tuer et allaient mettre leur projet à exécution, lorsque le chef les en détourna en leur disant qu'il leur serait utile dans une entreprise qu'il méditait. On laissa la vie à Jean, mais il fut emmené prisonnier. Les brigands allèrent aussitôt piller une église. La porte était close. Jean fut obligé d'entrer par le trou de la serrure et de tirer les verrous. Les bandits s'emparèrent de l'or et des objets précieux et se sauvèrent dans la campagne. Jean des Pois Verts fut placé dans la poche du chef qui ne s'en inquiéta pas davantage. L'enfant sortit douce-ment, se cacha dans les broussailles et guetta les voleurs. Il vit ceux-ci déposer leur butin dans une caverne et repartir bientôt pour une nouvelle expédition. Jean des Pois Verts entra dans une grotte et en emporta toutes les richesses. Il ne tarda pas à arriver à sa maison. Sa mère ouvrit et reçut son fils avec joie. Ils vécurent désormais riches et heureux...

À la mort de Jean des Pois Verts, la fée l'enleva au ciel sur une aigrette de chardon.

Conté en janvier 1878,
par A. Haboury, d'Acheux (Somme)

IV. JEAN A LA TIGE D'HARICOT

Un pauvre homme, nommé Jean, planta un jour des haricots. Un de ceux-ci poussa si haut, si haut, que le sommet se perdait dans les nues. Lorsque les plantes se trouvèrent bonnes à récolter, le paysan se mit à en cueillir les gousses. Après avoir travaillé jusqu'au soir et rempli plusieurs paniers, Jean alla se coucher, remettant au lendemain la récolte de la plante gigantesque. Il jugea utile de commencer par le haut. Il mit dix jours pour grimper au sommet. Là il aperçut la maison du bon Dieu. Il alla y frapper. Saint Pierre vint ouvrir et demanda ce qu'il voulait.

— Une petite aumône, car je suis un pauvre malheureux.

Le saint voulut le jeter à la porte. Le bon Dieu attiré par le bruit, donna un âne à Jean en lui disant :

— Voici un âne qui te rendra heureux si tu le veux. Lorsque tu lui diras : âne, montre ton talent ! Il fera des louis d'or au lieu de crottes.

Jean à la Tige d'Haricot partit et descendit sur la terre avec son âne. Il voulut avoir de l'argent pour acheter de quoi manger. A cet effet, il ordonna au baudet de montrer son talent. Jean eut de l'or à foison. Il en remplit ses poches et alla dans une hôtellerie qui se trouvait non loin de là. Il voulut se faire servir du vin le plus cher. L'hôtesse hésitait.

— Vous croyez que je n'ai pas d'argent ! Ah ! ah ! en voici, et des pièces toutes neuves encore ! ah ! ah !

On lui apporta plusieurs bouteilles de vin qu'il paya aussitôt en recommandant à la femme de ne pas dire à son âne de montrer son talent. Jean ne tarda pas à s'endormir sur une table. L'hôtesse s'approcha du baudet et lui dit :

— Âne, fais voir ton talent à l'instant.

Elle fut toute étonnée de voir le sol se couvrir aussitôt de pièces d'or qu'elle ramassa avec soin. Elle conduisit le grison dans une écurie et le remplaça par le sien. Jean se réveilla enfin, prit l'âne et alla retrouver sa femme.

— Tu as été bien longtemps parti, lui dit-elle ; Je te croyais mort.

— Ah ! femme ; j'ai été trouver le bon Dieu ; il m'a fait cadeau de cet âne qui donne de l'or à discrétion. Vois plutôt.

En disant ces mots, il étendit un tablier sous l'âne et lui commanda de faire voir son talent. L'animal ne bougea pas. Jean le battit et ne réussit qu'à faire pousser au grison des hi ! han ! formidables, et à remplir le tablier de toute autre chose que ce qu'il en attendait.

Il remonta le long de la tige de haricot et alla se présenter de nouveau à la porte du paradis.

Cette fois le bon Dieu donna au paysan une table magique qui apprêtait à dîner. Jean la prit sur son épaule et commença à descendre le long de la plante. Le froid était vif ; de gros flocons de neige tombaient de toutes parts. Le pauvre homme s'enveloppa dans une des feuilles de la plante et y passa la nuit. Le lendemain il redescendit sur la terre et alla à l'hôtellerie. La femme lui demanda ce qu'il voulait qu'on lui servît.

—Oh ! pas grand-chose ; voici une table qui va me fournir en un clin d'œil.

Jean à la Tige d'Haricot mangea, but et s'endormit. L'aubergiste lui prit la table et la changea contre une autre. A son réveil, le paysan retourna à sa chaumière.

—Cette fois, femme, nous ne manquerons plus de rien. Cette table nous donnera des aliments délicieux… Table, fais ton devoir… Table, fais ton devoir…

Mais rien ne parut.

Il remonta une troisième fois au ciel et obtint du bon Dieu une poêle qui frappait tous ceux qu'on désignait. Jean retourna à l'auberge.

Dès que l'hôtesse le vit paraître avec sa poêle, elle le fit entrer et lui demanda ce qu'il désirait.

—Peu de chose. Une bouteille de vin d'abord ; ensuite… nous verrons.

La femme apporta du vin ; Jean le but et dit à sa poêle de faire son devoir. L'ustensile de cuisine se mit à l'instant à battre l'hôtesse.

—Grâce !… Grâce !… hurlait-elle. La poêle frappait de plus en plus fort.

—Grâce !… et … je vous …. rendrai votre âne…

—Et ma table ?

—Aussi… mais faites arrêter la poêle !…

La table et l'âne furent rendus à Jean, qui partit retrouver sa femme. Il arriva bientôt devant la porte de son habitation.

—Femme, femme ! s'écria-t-il joyeux ; j'ai retrouvé mon âne et ma table. Les voici… âne, fais voir ton talent ! Table, fais ton devoir.

Un repas somptueux se trouva prêt à l'instant. Quant à l'âne, il se mit à remplir la maison d'or et d'argent. Jean à la Tige d'Haricot en remplit plusieurs caisses et fit construire un beau château.

Quelques années après, on trouva l'âne mort dans son écurie ; la table pourrit ; la poêle s'usa. On ne s'en inquiéta plus : on n'avait plus besoin de leurs services.

Conté à Mailly-de-la-Somme, le 2 février 1878,
par Jules Patte, de Colincamps (Somme)

15

V. PIERRE LE BADAUD

Un pauvre homme avait un fils qu'il pouvait à peine élever par suite de la misère dans laquelle il se trouvait. Ce garçon ne brillait pas par la sagesse, aussi était-il battu souvent par ses parents. Si bien qu'un jour Pierre, pour éviter les coups dont on le gratifiait, se sauva, décidé à ne plus revenir à la maison paternelle.

Il lui fallait avant tout trouver un emploi. Pierre alla donc demander de l'ouvrage à un boulanger du village voisin.

—Sais-tu passer la farine, pétrir la pâte, chauffer le four, enfourner le pain? lui demanda le boulanger.

—Oui, Maître, je connais tout cela. Commandez-moi quelque chose et vous verrez que je connais mon métier.

—Allons, tu vas commencer par passer la farine, tandis que j'irai au village voisin chercher du blé.

Pierre se mit au travail avec ardeur; il commença par délier tous les sacs de farine, et, croyant que son maître voulait passer la farine dans la cour, il se mit en devoir d'ouvrir la fenêtre et de jeter le contenu des sacs au beau milieu du ruisseau.

Les poules, les canards, les porcs profitèrent joyeusement de la bonne aubaine.

Lorsque son maître revint, Pierre était en train de jeter le dernier sac.

—Malheureux idiot! s'écria le boulanger; tu jettes toute ma fortune aux bêtes. Je ne te laisserai pas aller sans me venger.

Et prenant un fouet, il en donna plusieurs bons coups au pauvre enfant, qui se sauva.

Ne voulant pas néanmoins retourner chez ses parents, Pierre s'en alla demander de l'ouvrage à un cordonnier qui lui commanda de couper des souliers pendant qu'il irait voir ses pratiques.

Pierre prit le tranchet et coupa une belle pièce de cuir en morceaux de toutes les formes et de toutes les dimensions. De sorte que, quand le cordonnier rentra dans son échoppe, il ne vit plus de sa belle pièce de cuir qu'un amas de morceaux au milieu desquels se tenait Pierre, attendant sans doute des compliments.

Malheureusement pour lui, il ne reçut pour sa peine qu'une volée de coups de tire-pied.

Prenant ses jambes à son cou, Pierre se sauva une seconde fois, décidé à rentrer chez ses parents. Comme il était encore à trois lieues de leur demeure et qu'il faisait déjà nuit, l'enfant se décida à rester en route et à coucher à la belle étoile.

Il se plaça sous une ruche et s'endormit. Des voleurs vinrent au milieu de la nuit pour s'emparer du miel, prirent les plus lourdes ruches et s'enfuirent, emportant dans un sac Pierre et la ruche.

Justement, l'enfant avait pris un paquet d'alènes au cordonnier. Il en prit une et l'enfonça un petit coup dans les côtes de son porteur.

—Aie! aie! vilaines bêtes! cria celui-ci.

Un instant après, Pierre recommença son manège d'une telle façon que le voleur, croyant avoir affaire à tous les diables, laissa tomber le sac et son contenu et s'enfuit au plus vite.

La position de Pierre n'était pas plus belle pour cela, étant enfermé dans un sac bien lié. Néanmoins, à force de se démener, il parvint à trouer le sac et à en sortir après six heures de réclusion.

On voyait clair ; Pierre se hâta de rejoindre la maison de ses parents, où il rentra après avoir déclaré qu'on ne l'y prendrait plus, et peu satisfait des ses deux jours d'apprentissage.

Le coq chanta alors ; messieurs, il était jour !

Conté en picard, le 7 mars 1877, par M. Auguste Gourdin,
ancien meunier à Warloy-Baillon (près Amiens)

VI. LE MERLE BLANC

Un roi assez vieux avait trois fils. Les deux aînés étaient méchants, emportés, brutaux même. Quand au cadet, il était doux, mais assez simple d'esprit. Un certain jour, le roi les assembla tous les trois et leur dit :

— On m'a assuré qu'à cinquante lieues d'ici, dans une grande forêt, il y a une bête merveilleuse qu'on nomme le Merle Blanc. Cette bête a le pouvoir de rajeunir celui qui peut la posséder. Me voilà avancé en âge : si donc quelqu'un pouvait m'apporter cette bête merveilleuse, je suis disposé à l'en récompenser par ma couronne.

L'aîné, prenant alors la parole, demanda à son père de le laisser aller à la recherche du Merle Blanc et déclara qu'il ne reviendrait point sans l'avoir trouvé.

Le roi lui fit donner des armes, un bon cheval et de l'argent, et le laissa partir.

Après avoir marché bien longtemps, il arriva dans une grande et belle ville, où régnait alors un roi débonnaire et ami du plaisir. Le prince, bien accueilli par les habitants qui le voyaient porteur d'un beau sac rempli d'or, ne tarda pas à être introduit au milieu de la cour dissipée du roi régnant. De sorte qu'un an après son départ, il n'était pas encore de retour.

Voyant cela, le second des fils du roi partit à la recherche du fameux Merle Blanc, emportant comme son frère un beau cheval, des armes et de l'or. Il lui arriva les mêmes aventures qu'à son frère, qu'il rencontra, dépouillé de tout, dans la ville des plaisirs. Malgré cet exemple, il y mena une vie dissipée, oubliant complètement et son père et la couronne promise à celui qui pourrait ramener le grand Merle Blanc.

De sorte qu'un an après son départ, le roi n'en avait encore reçu aucune nouvelle.

Alors le cadet dit à son père :

— Sire, si vous me le permettez, j'irai, moi aussi, à la recherche de la bête merveilleuse et, Dieu aidant, j'espère vous revenir avant trois mois. Faites-moi donner un peu d'argent. Je n'ai pas besoin d'armes et de cheval pour faire ce voyage. C'est ma bonne étoile que je remets le soin de mon succès.

Après quelques difficultés, le roi laissa partir son dernier fils.

Cinq jours après avoir quitté le palais de son père, le prince traversait une forêt lorsqu'il entendit les cris d'une bête. Courir dans cette direction et arriver auprès d'un renard pris au piège, fut pour lui l'affaire d'un instant. Ému de pitié, le jeune prince débarrassa le renard, qui le remercia en lui disant :

— Écoute, tu m'as sauvé la vie. Pour te récompenser de ton bon cœur, je me mets à ta disposition ; quand tu auras besoin de mon assistance, tu diras : « Renard, renard, passe monts et vallées, j'ai besoin de ton secours ! » Je viendrai, et il n'est point de chose qui puisse me résister. Je sais que tu vas pour t'emparer du Merle Blanc. Il se trouve à deux lieues d'ici, à cent pas de la grosse tour de la ville. Il est dans une grotte gardée par deux dragons. Pour endormir ces bêtes, tu prendras seize pains de quatre livres et deux oies. Tu mettras tremper les pains dans l'eau-de-vie et tu iras près de la grotte jeter ces provisions aux dragons. Une heure après, le Merle Blanc sera en ta possession. Cours, et surtout fais diligence. Un dernier conseil : Ne rends service à personne avant que je ne t'aie revu. Adieu !

Ayant ainsi parlé, le renard disparut dans la profondeur du bois.

Resté seul, le prince continua sa route et arriva bientôt aux portes de la ville où sa mise simple ne le fit pas remarquer. Ayant entendu le bruit de la trompette dans une rue voisine, il s'y rendit et y vit une nombreuse populace entourant les officiers du roi qui annonçaient l'exécution pour le lendemain matin de deux princes étrangers coupables de haute trahison.

Le jeune homme ne douta pas que ce ne fussent ses deux frères. Il alla acheter les pains, les oies et l'eau-de-vie qui lui étaient nécessaires, et partit pour rejoindre la grosse tour de la ville. Il y arriva, compta cent pas en allant droit devant lui, et trouva effectivement la grotte du Merle Blanc. Une grande odeur de soufre le suffoqua, mais il s'approcha et jeta aux dragons les provisions qu'il avait apportées. Une heure après, le fameux Merle Blanc était en sa possession. C'était un oiseau gigantesque dont les ailes brillaient comme le soleil.

— Que veux-tu de moi ? demanda l'oiseau ; parle ! Je suis à tes ordres.

— Je voudrais d'abord que tu me fisses délivrer mes deux frères qui sont prisonniers du roi.

— Soit ! monte sur mon cou et je t'y conduirais.

Ce disant, le Merle Blanc se rapetissa tellement qu'il ne parut pas plus gros qu'un coq. Le prince enfourcha ce nouveau coursier et se trouva bientôt au milieu de ses frères, qu'il enleva au nez de leurs gardiens ébahis.

Malgré le bon service que venait de leur rendre leur cadet, les deux princes ne songèrent, aussitôt libres, qu'à s'emparer de la bête merveilleuse.

— As-tu vu, dit l'un la belle carrière d'or qui se trouve là-bas ?

— Non, je n'ai pas songé à la regarder en passant.

— Alors, venez la voir.

Et les trois frères de s'approcher du gouffre. Pendant que le cadet se penchait pour mieux voir, il fut poussé par ses deux frères et tomba au fond de la mine.

Lorsqu'il revint à lui, il songea au renard qu'il avait sauvé et se mit à crier :

— Renard, renard, passe monts et vallées, j'ai besoin de ton secours !

Ces mots étaient à peine prononcés que déjà le renard était auprès de lui, et, en lui léchant les plaies que lui avait faites sa chute au fond du souterrain, le guérit complètement.

— Maintenant que te voilà guéri, lui dit le renard, il te reste à sortir du trou. A cet effet, tu vas te tenir à ma queue et je te remonterai. Ne t'avise pas de lâcher ma queue car se serait à recommencer. Tiens toi bien ! Je monte.

Et le renard monta en l'air, traînant après lui le prince cramponné à sa queue. Le renard allait atteindre le bord du gouffre lorsque le prince, fatigué, le lâcha et retomba tout meurtri au fond du gouffre.

Le renard revint trouver le jeune prince, le ranima et lui fit recommencer l'ascension du souterrain.

Cette fois, le prince arriva heureusement en terre ferme.

Après avoir remercié le renard des services qu'il lui avait rendus, le jeune prince s'en alla rejoindre le château de son père. Avant d'y arriver, il se vêtit d'un habit de garçon de ferme, se teignit le visage et vint demander au roi son père, qui ne le reconnut pas sous ces habits d'emprunt, de lui donner la garde du Merle Blanc que ses deux frères avaient rapporté comme leur conquête. Il fut accepté.

Il apprit alors que le Merle Blanc avait déclaré au roi qu'il ne le rajeunirait pas si on ne lui amenait celui qui l'avait conquis sur les deux dragons.

Les deux princes avaient dit à leur père que c'étaient eux-mêmes qui avaient pris la bête, et que c'était pour se venger que le Merle Blanc disait que ce n'étaient pas eux qui l'avaient pris.

Dès que le jeune prince fut entré dans la salle où se trouvait Le Merle Blanc, il vit l'oiseau s'abaisser et lui commander de monter sur son cou, ce qu'il fit. Une seconde après, tous deux étaient dans la salle du roi à qui ils racontèrent les supercheries des deux princes.

Outré de colère, le roi fit dresser deux bûchers dans la cour du palais, y fit lier ses deux fils aînés et les fit brûler vifs. Puis il prit sa couronne et la donna au jeune prince.

Un instant après le vieux roi était devenu jeune, grâce au fameux Merle Blanc.

Conté le 7 mars 1877, par M. Eugène Dupré,
à Warloy-Baillon (Somme)

VII. JEAN DES POIS VERTS ET JEAN DES POIS SECS

Une femme avait deux fils qu'elle nomma, à leur naissance, l'un Jean des Pois Verts, l'autre Jean des Pois Secs. Celui-ci était peureux et lâche, un rien le faisait fuir Le premier, au contraire, était vaillant et brave.

Jean des Pois Secs dit un jour à sa mère :

—C'est vraiment un malheur que je sois si peureux. Mon frère va tous les soirs au village voisin voir les demoiselles sans crainte et moi je n'ose faire un pas la nuit. Je voudrais bien y aller avec lui, mais il ne veut pas de ma société.

—Tu dis que ton frère est vaillant : eh bien ! nous l'éprouverons ce soir. Je ferai la malade, et quand il rentrera je lui dirai de m'aller chercher une pomme dans le grenier. Quant à toi tu t'enveloppes d'un linceul et tu te coucheras sur les pommes.

Le soir, Jean des Pois Verts rentra à l'heure habituelle. Voyant sa mère assise au coin du feu, il lui dit :

—Comment, mère, tu es encore levée à cette heure ?

—C'est que je ne suis pas bien portante. Je désirerais une pomme. Cours m'en chercher une belle dans le grenier.

—Soit, mère, j'y vais !

Ce disant, il monta au grenier chercher le fruit. Au lieu de s'enfuir à la vue du fantôme, Jean des Pois Verts prit un bâton et en frappa plusieurs bons coups sur le dos de son frère en disant :

—Tiens, on m'a toujours dit que les revenants n'avaient pas de corps. En voilà un qui les a côtes bien dures ! Ha ! ha ! Tu iras porter au Diable des nouvelles de mon bâton !

Et prenant une pomme, Jean des Pois Verts descendit comme si de rien n'était.

—Comment, lui dit sa mère, tu n'as pas eu peur du revenant qui est sur les pommes et que j'ai vu tout à l'heure ?

—Mère, je sais bien que le fantôme n'est autre que mon frère. Je lui ai donné une bonne volée ; s'il n'a pas crié, c'est qu'il ne voulait pas que l'on sût que c'était lui.

Le lendemain soir, le brave Jean des Pois Verts repartit comme de coutume.

Alors son frère vint trouver sa mère et lui dit :

—Je verrai ce soir si Jean sera aussi courageux qu'hier. Nous avons la peau de la vache que nous avons tuée hier ; je la mettrai sur mon dos et je monterai dans le prunier qui est au bout du jardin. Lorsqu'il reviendra ce soir, tu l'enverras quérir quelques prunes, et nous verrons.

—Soit. Mais prends tes précautions !

Quand Jean des Pois Verts rentra le soir, il demanda à sa mère si elle était encore indisposée. Elle répondit que oui, et qu'elle avait envie de manger des prunes de l'arbre près de la clôture.

Jean alla au jardinet se dirigea vers le prunier, sur lequel il grimpa. Ce fut alors qu'il aperçut un animal étrange qui ressemblait assez à une vache. Sans s'en inquiéter, Jean cueillit quelques prunes qu'il alla porter à sa mère. Revenant ensuite avec son fusil, il fit feu sur l'animal qui tomba à terre en jetant un cri.

—Malheureux, que viens-tu de faire ? Tu as tué ton frère !

—Eh bien, mère, si je l'ai tué, c'est de sa faute. Pourquoi se cacher ainsi pour me faire peur ? Néanmoins, je vais me sauver au plus vite pour éviter les soldats de la maréchaussée. Donne-moi un pain et la peau de vache, que je m'en aille !

Et ce disant, Jean des Pois Verts partit.

À force de marcher, de marcher, il arriva dans une grande forêt, dans laquelle il résolut de passer la nuit. Il monta sur un chêne et s'installa dans les branches. Il vit alors au loin une faible lumière. Prenant son chapeau, Jean le jeta dans cette direction et s'apprêta à descendre.

Mais ayant entendu du bruit au bas du chêne, il regarda et vit quatre voleurs qui venaient de s'asseoir et comptaient leur argent.

—1 500 francs ! 1550 ! 1700 ! 1702 ! Ce qui nous fait chacun 425 francs !

—C'est-à-dire 425,50 F, mon vieux !

—Tiens, tu n'es pas bête ! tu auras 425 fr., te dis-je ! Et j'aurai 2 fr. en sus, car j'ai fait le coup.

Ainsi parlaient les voleurs. Jean, prenant alors sa peau, la laissa tomber au milieu des brigands qui, se croyant surpris par le Diable, s'enfuirent en courant, abandonnant ainsi leur or que Jean des Pois Verts se hâta de ramasser.

Ensuite, il chercha son chapeau et se dirigea vers la chaumière.

—Pan pan ! pan pan !

—Qui est là ? lui demanda une vieille femme qui parut à la porte.

—Je suis un pauvre voyageur. Donnez-moi l'hospitalité pour cette nuit.

—On ne loge pas ici, car c'est la cabane des voleurs !

Jean sollicita tant la vieille qu'elle le laissa entrer et lui donna une chambre, du pain et du vin. Ensuite Jean demanda des clous et un marteau, et cloua la porte ; il ouvrit la fenêtre et se coucha, après avoir mis un sabre à sa portée.

Bientôt il fut réveillé par le bruit que faisaient les voleurs en rentrant.

La vieille disait :

— Il y a ici un drôle qu'il faut vous dépêcher de tuer. Il a une bourse bien garnie. Comme il a cloué la porte, il faut passer par la fenêtre qui donne sur les champs.

Aussitôt les brigands sortirent et vinrent pour escalader la fenêtre. Le premier qui se présenta eut la tête coupée net par Jean, et ainsi des autres. Ensuite, comme le soleil venait de se lever, Jean des Pois Verts décloua sa porte et sortit de sa chambre.

La vieille était là.

— Vieille gueuse, tu as voulu me faire tuer hier ; mais il n'en a été rien. J'ai tué tous tes compagnons, et je vais t'en faire autant !

— Fais-moi grâce, lui dit-elle, et je t'indiquerai tous les trésors des brigands !

Jean accepta et fut conduit par la vieille dans un caveau tout rempli d'or.

Une charrette en fut remplie.

Le jeune homme prit son sabre et coupa la tête de la femme pour l'empêcher de révéler sa venue aux brigands qui pourraient encore exister.

Il marcha, marcha tant, qu'enfin il arriva à la maison de sa mère huit jours après l'avoir quittée. Il déchargea secrètement sa charrette et dit à sa mère d'aller emprunter le boisseau du roi pour mesurer les louis. Ce qu'elle fit. Jean mesura son or et ordonna à sa mère d'aller reporter le boisseau. Par malheur, un louis fut trouvé par le roi entre les cercles. Marianne fut appelée de nouveau.

— Qu'as-tu mesuré hier dans mon boisseau ? lui dit le roi.

— Sire, qu'aurais-je mesuré, si ce n'est de l'avoine.

— Tu mens. Tu as mesuré des louis. Et pour preuve, nous avons trouvé un louis entre les cercles.

— Noble seigneur ! oui, j'ai mesuré l'or que m'a rapporté mon fils. Nous avons tué notre vache, et il a été en vendre la peau dans le royaume voisin. Il criait :

— Tant d'écus qu'il y a de poils ! Tant d'écus qu'il y a de poils ! Les paysans lui ont acheté la peau, et voilà pourquoi j'ai tant d'or.

Marianne fut congédiée. Le roi fit tuer tous ses bœufs et fit porter les peaux dans les royaumes voisins par ses serviteurs qui criaient :

— Tant d'écus qu'il y a de poils !

Ce que voyant, les paysans les chassèrent à coups de pierres.

Le roi fit de nouveau appeler Marianne.

— Malheur ! j'ai fait tuer tous mes bœufs pour en vendre les peaux, et voilà que personne ne veut me les acheter. On a voulu tuer mes serviteurs qui ont été les vendre. Pour t'être jouée de moi, tu vas périr !

—Sire, répondit Marianne, il est certain que si on n'a pas acheté vos peaux, c'est parce que les paysans, trompés une fois, n'ont pas voulu s'y laisser prendre une seconde. Tenez, je vais vous payer vos bœufs et vous me laisserez libre.

Heureuse d'en être quitte à si bon marché, la mère de Jean alla chercher de l'or, paya le roi, et finit heureusement sa vie avec Jean des Pois Verts.

Conté le 10 février 1877,
par M. Antonin Morel, à Warloy-Baillon. (Somme)

VIII. LE CORPS SANS ÂME,
OU LE LION, LA PIE ET LA FOURMI

Autrefois vivait un chiffonnier que ses parents avaient appelé « Kiou-Cher[2] ». Un jour qu'il allait exercer son métier dans le village voisin, il passa à son habitude à travers bois pour raccourcir sa route. Il arriva à une clairière et là ses cheveux se dressèrent d'effroi et d'horreur. Devant lui étaient un Lion, une Fourmi et une *Epique*[3]. Ces animaux hurlaient à qui mieux mieux pour le partage d'un animal qui se trouvait près d'eux sur le gazon.

Le Lion s'avança alors vers le chiffonnier qui s'attendait à être dévoré, et lui dit :

— Jeune homme, nous sommes ici pour le partage de cette proie et nous ne pouvons nous entendre. Si tu veux nous donner à chacun notre part, tu auras une belle récompense.

Plus mort que vif, Kiou-Cher prit son couteau et coupa la charogne en trois parts égales qui ne tardèrent pas à être dévorées.

Le Lion s'approcha alors du chiffonnier et lui dit :

— Pour te récompenser, ôte un poil de ma queue et conserve-le dans un étui. Lorsque tu auras besoin de ma force, tu diras : « Par la vertu de mon poil de lion, que je sois lion ! » et tu le deviendras.

La Pie lui donna une plume de sa queue en lui disant les mêmes paroles que le Lion. Il en fut de même pour la Fourmi, qui donna une patte. Lorsqu'il eut reçu ces trois présents, Kiou-Cher reprit sa route. Arrivé au village, il alla de porte en porte offrir à échanger ses marchandises contre des chiffons.

— À loques ! à loques ! criait-il.

À son grand étonnement, personne ne lui répondit.

— Qu'y a-t-il donc ? demanda-t-il à une vieille femme assise à son rouet devant la porte de sa cabane ; je n'ai encore vu personne au village, si ce n'est vous.

— C'est que la fille du roi a été emmenée dans une tour sur la mer par le Corps-sans-Ame.

— Et qu'est-ce que ce Corps-sans-Ame ?

— C'est un monstre formidable qui a sept têtes. Personne n'a pu le tuer jusqu'à

---

[2] Petit Chéri.
[3] Pie.

25

présent. Le roi promet la main de sa fille à celui qui la délivrera. Personne ne s'est encore présenté.

—Allez, ma bonne femme, je vais courir délivrer la fille du roi ; vous en entendrez bientôt parler. Adieu.

Kiou-Cher partit vers la mer emportant avec lui son étui. Après plusieurs jours de marche, il rencontra un homme qui gardait un immense troupeau de bœufs.

—Bonjour, bouvier ; ne pourriez-vous me donner un morceau de pain et m'indiquer le château du Corps-sans-Ame ?

—Du Corps-sans-Ame ! Je suis son bouvier. Il va venir tout à l'heure, et il m'étranglerait s'il apprenait que je vous ai indiqué sa tour. Voici du pain. Sauvez-vous si vous tenez à la vie, car le dragon va venir et il vous dévorerait.

—Je ne le crains pas. Je vais rester et je le tuerai.

—Oh ! oh ! mon brave, vous voulez rire ! Si vous tenez à vous cacher, mettez-vous ici.

—Non, non, je resterai.

Le Corps-sans-Ame arrivait. Il mugissait comme mille tonnerres. Apercevant Kiou-Cher, le monstre lui dit :

—Qui es-tu, ombre de mes moustaches, poussière du néant ? Que viens-tu faire dans mes domaines ?

—Je suis Kiou-Cher, et je viens pour te tuer et t'enlever la fille du roi. Tu vas voir. « Par la vertu de mon poil de lion que je sois lion ! »

Et voilà le chiffonnier qui se jette, changé en lion, sur le monstre dont il arrache les sept têtes et qu'il laisse expirant sur un rocher. Puis, renseigné sur la position du château par le bouvier, le jeune homme se changea en pie et s'envola dans les airs. Il avait faim ; il prit un poisson dans son bec et l'avala. Il arriva bientôt près du château, qui était fermé par de lourdes portes. Comment entrer ? Kiou-Cher se changea en fourmi, passa sous une des portes, délivra la princesse et se changea de nouveau en pie.

Prenant alors la fille du roi, il la conduisit au balcon d'une des fenêtres du château de son père. Celui-ci accourut et demanda à sa fille qui l'avait délivrée. Elle montra le chiffonnier qu'on fit entrer au palais.

La princesse avait un ancien amant qui était sur le point de l'épouser lors de son enlèvement. Il était désespéré de perdre celle qui l'aimait.

Un jour, la fille du roi se promenait sur le bord de la mer avec son sauveur et son ancien amant. Celui-ci précipita Kiou-Cher dans les eaux et revint avec la princesse, à laquelle il déclara que le chiffonnier était tombé à la mer dans un moment de distraction. A peine dans l'eau, le jeune homme s'était écrié :

—Par la vertu de ma plume, que je sois changé en pie.

Aussitôt il se vit de nouveau oiseau, s'envola et alla se percher sur le toit du palais.

La princesse y pleurait la perte de celui qui l'avait sauvée au péril de ses jours. Ce qui ajoutait encore à sa tristesse, c'est que le roi avait déclaré qu'on la marierait le lendemain au brillant seigneur, qui maintenant ne lui plaisait plus. Vainement elle avait essayé de toucher le cœur du roi par ses prières, celui-ci s'était montré insensible.

Le roi avait fait tuer tous ses bestiaux pour le festin de noces. Tout le peuple était en fête. Seule la princesse avait le cœur navré. On l'emmena de force dans la salle du palais pour la marier. Au milieu du festin, le chiffonnier se présenta au roi et lui dit de faire fermer les portes, ce qui fut fait. Le marié, prétextant une indisposition, voulut se retirer ; on ne lui en donna pas la permission. Puis Kiou-Cher raconta comment il avait été précipité à la mer.

La princesse se jeta dans ses bras en pleurant de joie. Les soldats du roi s'emparèrent du traître, le lièrent à un poteau et assemblèrent du bois auquel ils mirent le feu. L'amant fut bientôt brûlé.

Puis on maria solennellement le chiffonnier à la princesse qu'il avait sauvée.

Ils vécurent heureux et aimés de leurs sujets.

Conté en picard par Juliette Sallé,
de Warloy-Baillon (Somme), le 9 août 1877

27

IX. LA BAGUE MAGIQUE

Un boulanger avait trois fils, qui tous trois désiraient se marier avec la fille du meunier Thomas. Celle-ci répondait mal à leurs avances. Un jour, l'aîné des jeunes gens allait passer la soirée chez la meunière ; il rencontra une vieille femme appuyée sur un bâton, qui avait tout l'air d'une sorcière.

— Bonjour, mon fils, où allez-vous ainsi ? Ne craignez-vous point le Gobelin de la vallée ?

— Hé ! la vieille, croyez-vous que je vais vous conter ainsi mes secrets ? Qu'il vous suffise de savoir que je ne suis pas venu ici pour votre laide personne.

Et il passa son chemin. Il fut poursuivi jusqu'au moulin par les rires narquois de la sorcière, car c'en était vraiment une. En arrivant, il parla de son amour à la belle meunière ; mais elle n'en fit que rire.

Le puîné partit le même jour pour le moulin avec les mêmes intentions que son frère. Il rencontra la vieille femme ridée et cassée qui lui parla comme à son aîné. Il répondit aussi insolemment à celle-ci. Il en fut puni, car la meunière repoussa ses propositions.

Le lendemain, le cadet rencontra la sorcière.

— Bonjour, mon fils ; où allez-vous ainsi ? Ne craignez-vous point le Cavalier sans Tête de la montagne ?

— Ma bonne mère, je vais au moulin demander la meunière en mariage. Je crains fort d'être rebuté. Quant au Cavalier sans Tête, je le crains peu, parce que je reviendrais avant le soir.

— Mon fils, prends cette bague et passe-la à ton doigt. Chaque fois que tu diras *Dominus vobiscum*, le nez de la belle meunière s'allongera d'un pouce. Elle consentira à t'épouser. En disant *Et cum spiritu tuo*, le nez se raccourcira d'un demi-pouce. Adieu.

En arrivant au moulin, il eut le bonheur de voir ses propositions agréées. Il n'eut pas besoin d'employer la Bague Magique. Peu de jours après, le mariage fut célébré.

À quelque temps de là, le jeune meunier se baignait dans la rivière. Il avait déposé ses habits sur la berge. Le curé du village voisin passa près de là quelque temps après. Voyant les habits, il fouilla dans les poches, et y trouvant la Bague Magique se la mit au doigt et s'en alla.

Le dimanche suivant, le prêtre officiait. Au premier *Dominus vobiscum*, il fut tout étonné de voir son nez s'allonger d'un pouce. A la fin de la messe, une véritable trompe ornait la figure du pauvre pasteur. Et pour comble de malheur, le nez allait chaque jour s'augmentant; de sorte que le curé fut bientôt en état de faire cinquante fois le tour de son corps avec son nez. Dire son désespoir serait superflu. Il fit publier partout qu'il donnerait dix mille écus à celui qui pourrait le guérir. Plusieurs médecins se présentèrent: aucun ne put le débarrasser.

Enfin le meunier vint trouver le curé et s'offrit pour lui ôter sa difformité. Il prit la Bague Magique et récita des *Et cum spiritu tuo! Et cum spiritu tuo*! etc. Jusqu'au moment où le nez arriva à sa longueur ordinaire.

Il reçut les dix mille écus qu'il apporta tout joyeux à sa femme.

Conté en septembre 1877,
par M. Alph. Ladent, de Warloy-Baillon (Somme)

X. LE VIOLON MERVEILLEUX

Un jeune homme nommé Jean s'engagea un jour dans une ferme pour soigner les bestiaux. Au bout de trois ans, il résolut de s'en aller. A cet effet, il demanda à son maître de lui payer ce qu'il avait gagné. Celui-ci prit dans sa bourse... trois liards et les donna à Jean, qui s'en alla tout joyeux. Après avoir marché trois jours, il arriva à un carrefour où se tenait assis un vieillard sale, malpropre, en haillons, qui lui dit :

—Faites-moi une petite charité pour l'amour de Dieu !

—J'ai justement trois liards ; je vais vous les donner. En trois ans j'en pourrai gagner autant. Prenez-les.

—Pour récompenser votre bon cœur, je vous donne à faire trois souhaits.

—En ce cas, je demande un Fusil qui ne manque jamais son but, un Violon qui oblige à danser, et la Parole franche, c'est-à-dire qu'on ne puisse jamais rien me refuser.

Le pauvre homme réalisa les souhaits de Jean, qui continua son chemin moitié dansant et moitié courant. Il arriva ainsi dans un bois où il s'arrêta pour se reposer. Jean entendit alors une voix qui disait :

—Ah ! que ne donnerais-je pas pour avoir ce beau rossignol qui chante sur cet arbre !

C'était le fermier qui avait donné trois liards au jeune homme. Celui-ci prit le Fusil qui ne manquait jamais son but et tua le rossignol, qui tomba dans un buisson de ronces et d'épines. L'avare se baissa et entra dans le fourré épineux où se trouvait l'oiseau. Prenant alors son Violon magique, Jean joua, et l'avare, emporté par une force merveilleuse, se mit à sauter, à bondir dans les ronces qui le déchiraient de toutes parts.

—Arrête ! arrête ! criait-il au jeune homme ; je te donnerai cinq cents écus. Mais hâte-toi : je n'en puis plus.

Jean cessa de jouer et reçut les écus du fermier qui s'en alla en grommelant et courut le dénoncer à la justice. Le jeune paysan fut donc arrêté, jugé et condamné à mort. L'exécution fut fixée au lendemain.

Le fermier, les juges, toute la population de la ville, étaient réunis sur la place où avait été dressée une haute potence. Jean arriva et demanda aux juges de lui donner son Violon pour en jouer encore une fois avant d'être pendu. Le fermier se mit alors à crier :

— Ne lui donnez pas le Violon !… Liez-moi ! Liez-moi !

Mais Jean avait la Parole franche : on ne put lui refuser.

Prenant le Violon merveilleux, il joua, et chacun se mit à danser sans pouvoir s'en empêcher, le fermier tout le premier. Lassés, exténués, mourant de fatigue, les juges prièrent Jean d'arrêter, lui promettant de le laisser libre Le jeune homme cessa de jouer, et il put retourner à son village avec son Violon et son Fusil, dont il se servit encore dans maintes occasions.

Conté en décembre 1877,
par A. Ladent, de Warloy-Baillon (Somme)

XI. BRAS D'ACIER

Un soldat, surnommé Bras-d'Acier, était passé caporal depuis vingt ans. Ne pouvant devenir sergent, il alla trouver son colonel et lui demanda son congé. Comme ses supérieurs n'avaient rien à lui reprocher, il fut libéré.

Avant de quitter son régiment, il reçut six écus neufs de cinq francs pour faire sa route. Le voilà parti, heureux comme un roi, pour retourner dans ses foyers. À peu de distance de la ville il rencontra un pauvre homme qui lui demanda la charité.

— Mon cher monsieur, j'ai six beaux écus tout neufs, je vais vous en donner un. Il m'en restera encore cinq pour faire mon voyage.

Le mendiant s'éloigna. Après s'être reposé quelques instants, le caporal repartit. Il s'arrêta dans une ferme où il reçut la plus cordiale hospitalité. En quittant son hôte, il rencontra de nouveau le pauvre à qui il avait déjà fait l'aumône.

— La charité pour l'amour de Dieu! dit celui-ci. Le soldat tira un nouvel écu de sa bourse et le donna. Quatre fois encore le mendiant se présenta et reçut jusqu'au dernier les écus du caporal.

Pour le récompenser il obtint du pauvre, qui n'était autre que le bon Dieu, une Baguette magique qui accomplissait tous les désirs de celui qui la possédait Le soldat alla dans une hôtellerie pour y passer la nuit. L'hôtesse crut qu'il se moquait d'elle, car depuis longtemps personne n'osait plus venir loger, le Diable hantant la maison et faisant mourir les voyageurs.

— Logez-moi tout de même et je ferai déloger Satan. Pour cela je ne demande que du pain, un jambon, du vin, un jeu de cartes et une chandelle.

L'hôtesse le laissa faire et lui donna ce qu'il demandait. Le soldat s'enferma dans l'appartement, s'assit devant un bon feu qui pétillait dans l'âtre, soupa et attendit. Minuit allait sonner. Un grognement se fit entendre et un objet pesant tomba par la cheminée aux pieds du caporal : c'était une jambe, qu'il jeta dans un coin de la salle. Une autre jambe suivit, puis un tronc humain, deux bras et une tête portant deux longues cornes recourbées. Tout cela rejoignit la jambe et forma le corps du Diable, qui vint s'asseoir devant le militaire.

— Tu n'as pas peur, mon brave. Mais pourquoi ne m'as-tu pas laissé dans le foyer?

—Fallait le dire, fallait le dire, et je vous aurais laissé griller. C'est fait, n'y pensons plus. Jouons une partie de cartes.

—Je le veux bien ; jouons.

Et les deux ennemis se mirent à jouer à *berniques*. Une des cartes tomba par terre. Satan voulut forcer le soldat à la ramasser.

—Je ne la ramasserai point.

—Tu le feras.

—Ce sera toi.

—Je vais te tuer si tu ne te hâtes point.

—Tu crois, Satan. Eh bien ! dis-moi des nouvelles de ceci : « Par la vertu de ma baguette, je commande que tu sois lié, garrotté et enfermé dans mon sac ! »

Ce qui fut fait. Le lendemain, le soldat alla trouver des forgerons auxquels il donna quelque argent pour battre pendant deux heures le Diable sur une enclume Le Diable hurlait, criait sans se tirer du mauvais pas dans lequel il se trouvait. Il dut consentir à signer un écrit par lequel il consentait à ne plus jamais entrer dans l'hôtellerie. De cette façon, il put reprendre sa liberté.

Le soldat n'était plus loin de son village lorsqu'il passa devant la boutique d'un pâtissier. Des gâteaux de toute espèce étaient exposés à la vitrine. L'ex-caporal entra et demanda le prix des brioches et des gâteaux. On lui en montra à cinq francs, à trois francs et à cinquante centimes.

—Voulez-vous, dit-il au pâtissier, me donner ces trois gâteaux pour un sou ?

—Pour un sou ! vous raillez. Je vous les donnerai pour dix francs.

—Je les aurai pour rien, en ce cas. Par la vertu de ma baguette, que tous vos gâteaux se mettent dans mon sac.

À l'instant le sac fut rempli de pâtisseries. Le soldat s'en alla sans payer, poursuivi par les cris du marchand qui le dénonça à la police.

Les archers conduisirent le voleur en prison.

Il fut condamné à être pendu le surlendemain. Il s'échappa trois fois de prison, et trois fois il fut repris. On fut obligé de le lier pour l'amener au lieu de l'exécution. Il avait conservé en secret un morceau du bâton merveilleux, et en l'invoquant, il fit enfermer tous les assistants, sans qu'ils pussent comprendre comment cela se faisait, dans la prison qu'il venait de quitter ; Il n'eut pas de peine alors à s'enfuir.

Lorsqu'il fut rentré dans son pays, il s'écria : « Par mon bâton, que mon sac revienne me trouver. » Et le sac se trouva à l'instant près de lui. Le soldat se maria avec une jolie femme, qu'il obtint encore au moyen de sa baguette, eut de nombreux enfants, et vécut longtemps aussi heureux qu'il est possible de l'être.

Lorsqu'il mourut, son âme partit pour le royaume des esprits, emportant avec elle le sac et la baguette magique Le soldat alla frapper à la porte du paradis.

—Pan! pan!

—Qui est là?

—Ouvrez. C'est moi, Pierre Bras-d'Acier, ex-caporal de son vivant.

—Ah! c'est toi. Que veux-tu?

—Je voudrais une petite place dans le paradis.

—Il n'y a pas de place pour un voleur, Va-t'en! lui dit saint Pierre en lui fermant la porte au nez.

Sans se déconcerter, l'esprit alla frapper la porte du purgatoire. Un grand ange aux longues ailes dorées vint entrebâiller la porte. Après avoir écouté le caporal, l'ange regarda sur un grand livre, et, n'y trouvant point le nom de celui-ci, le jeta à la porte.

«Pour le coup, se dit notre homme, je suis perdu. Il faudra aller en enfer. J'aurais portant mieux aimé grelotter de froid dans le paradis que de griller dans le logis de Satan, qui ne m'épargnera pas, je le crains.»

Aux coups appliqués sur la porte de l'enfer, Satan se montra.

—Que désires-tu? dit-il à l'âme du soldat.

—Une place dans l'enfer. On ne veut point me recevoir au paradis ni dans le purgatoire; je suis forcé de venir ici.

—Ah! c'est toi qui m'as mis dans ton sac autrefois. Crois-tu que je veuille renouveler connaissance avec toi? Par l'enfer, il n'en sera pas ainsi. Tu peux t'en retourner.

Également repoussé de partout, le soldat prit le parti de retourner trouver saint Pierre. Celui-ci vint ouvrir et, voyant que c'était Bras-d'Acier, s'apprêta à refermer la porte. Le soldat le pria de mettre son sac dans le séjour céleste. Le saint accepta.

—Par la vertu de mon bâton, que je sois transporté dans mon sac! dit le caporal, qui se trouva aussitôt dans le paradis.

Le portier voulut le faire sortir: il ne put y réussir. Il alla trouver la sainte Vierge, qui ne fut pas plus heureuse. Jésus-Christ n'eut pas plus de pouvoir. On fit venir le Père éternel, qui demanda au soldat pourquoi il s'obstinait à rester. Celui-ci expliqua et dit qu'il tenait sa baguette d'un mendiant. Dieu le laissa dans le paradis, et comme saint Pierre et Jésus-Christ persistaient à vouloir faire sortir son protégé, il prit le parti de s'en aller dans une autre partie de l'univers. Les saints, les saintes, les anges, les chérubins, le Saint-Esprit le suivirent dans sa retraite. Jésus-Christ, se voyant abandonné, dit à saint Pierre:

—Il faut laisser ce rustre ici et rappeler mon père. Sans cela je craindrais fort de m'ennuyer pendant toute l'éternité.

Le Père éternel revint. C'est de cette façon que Bras-d'Acier est entré dans le paradis, où il est encore, s'il a conservé sa bonne baguette magique.

Conté en septembre 1877,
par M. Alph. Ladent, de Warloy-Baillon [Somme]

XII. LES TROIS SOUHAITS

Un soldat avait perdu ses parents. Il ne lui restait plus qu'un grand-père qu'il n'avait point vu depuis longtemps. Ce militaire, nommé Tholomé, alla trouver un jour son capitaine et lui demanda un congé de trois mois.

—Comme je n'ai rien à te reprocher, lui répondit son supérieur, je t'accorde volontiers la permission de t'en retourner. Je te ferai délivrer trois livres de pain et six liards. Tu pourras alors partir.

Tholomé s'en alla par la grande route.

Il ne tarda pas à rencontrer une vieille femme qui lui demanda l'aumône. Le soldat prit une livre de pain et la lui donna.

—Dieu vous le rendra! dit la vieille en s'éloignant.

À quelques pas de là, Tholomé rencontra un vieillard qui lui dit d'une voix dolente:

—Faites la charité à un pauvre malheureux qui n'a pas mangé depuis deux jours.

—Depuis deux jours! Tenez, voici une livre de pain, mangez-la.

—Dieu vous en récompensera, Tholomé. Adieu.

«C'est drôle tout de même,» se dit le soldat en s'éloignant, «je n'ai jamais vu cet homme, et il me connaît.»

Il fut tiré de ses rêveries par un nouveau mendiant à qui il donna sa dernière portion de pain. Trois autres suivirent et reçurent chacun deux liards. Le dernier mendiant se changea en un génie brillant comme le soleil, qui lui dit:

—Tu viens de faire la charité au bon Dieu. Pour te récompenser, j'accomplirais les trois souhaits que tu vas former.

—En ce cas, je vous demande que la personne que je ferai asseoir sur le banc de pierre qui se trouve à la porte de notre maison y reste tout autant que je le désirerai. Pour deuxième souhait, je demande que celui que je ferai monter sur notre cerisier y reste aussi longtemps que je le voudrai. Enfin, pour dernière demande, je veux une bourse qui ne laisse sortir ce que j'y enfermerai que sur ma volonté expresse.

—C'est bien. Je t'accorde tout ce que tu viens de me demander.

Tholomé rentra à la maison paternelle, embrassa son grand-père, qui ne pensait plus le revoir, et se maria avec une de ses cousines. Les trois mois de congé se trouvèrent bientôt passés. Il lui fallait donc retourner au régiment, ce qui ne faisait pas son affaire. Le soldat jugea qu'avec les souhaits qu'il avait formés, il ne devait craindre personne, toute la maréchaussée fut-elle à ses trousses. Il attendit les événements.

Quelques jours après, un gendarme se présenta chez Tholomé pour le conduire au régiment.

—Je suis prêt à partir. Laissez-moi seulement le temps d'embrasser mon pauvre grand-père. Il est si bon pour moi! En attendant, asseyez-vous sur ce banc de pierre.

Un moment après, Tholomé se présenta et sortit dans la rue. Le gendarme voulut se lever pour le suivre, il ne put bouger de place.

—Tholomé, laisse-moi libre de m'en aller, et je te donnerai un congé de six mois.

—Volontiers, volontiers.

> *« Grand Dieu, fais que l'archer*
> *Se lève et s'en aille chez lui ;*
> *Grand Dieu, laisse-le aller :*
> *C'est Tholomé qui t'en prie. »*

Le gendarme s'en alla, laissant libre le soldat qui passa ses six mois aussi vite que les trois mois qu'on lui avait accordés auparavant.

Un autre archer revint chercher Tholomé.

—Mon ami, laisse-moi dire adieu à mon grand-père. En attendant, assieds-toi sur le banc de pierre.

—Ah! tu crois que je vais rester comme un terme sur le banc de pierre. Non, non, il n'en sera pas ainsi, suis-moi à l'instant.

Le soldat passa par le jardin et grimpa sur un grand cerisier chargé de fruits rouges et vermeils Le gendarme l'y suivit et se mit à manger. Lorsqu'il voulut descendre, il se vit retenu par une force invincible qui le tenait attaché aux branches. Il fut obligé de promettre au soldat de le laisser libre pendant un an. Tholomé s'écria :

> *« Grand Dieu, fais que l'archer*
> *Descende et s'en aille chez lui ;*
> *Grand Dieu, laisse-le aller :*
> *C'est Tholomé qui t'en prie. »*

Au bout d'un an, un autre gendarme arriva et emmena Tholomé. En passant près d'un grand peuplier, l'archer s'allongea tant qu'il s'éleva fort au-dessus de l'arbre.

— Puisque tu es si adroit, lui dit le soldat, pourrais-tu te raccourcir jusqu'au point de devenir semblable à une mouche?

Le gendarme se changea aussitôt en une mouche qui vint se poser sur le bras du militaire, qui l'attrapa et l'enferma dans sa bourse magique. Puis il alla trouver un forgeron, à qui il donna un demi-écu pour donner un coup de marteau sur la bourse.

— Laisse-moi! laisse-moi! hurla le gendarme. Ne me tue pas et je te donnerai un congé définitif.

— Soit, puisque tu le veux. Va-t-en.

Et l'archer s'en retourna.

Quant à Tholomé, il vécut si longtemps, qu'il ne pouvait plus compter ses années lorsqu'il mourut.

Conté le 1er janvier 1878,
par M. Émile Duchemin de Warloy-Baillon [Somme)

XIII. LA TIGE DE FÈVE

Un pauvre paysan se plaignait un jour de ses infortunes. Un mendiant qui passait lui dit :

— Hé ! l'ami. Qu'avez-vous à vous lamenter ?

— Mon brave homme, je meurs presque de faim ; je gagne à peine de quoi acheter du pain pour ma femme et moi ; j'ai beau m'adresser au bon Dieu, ma fortune ne s'en augmente pas d'un denier. Sans doute qu'il est trop haut placé pour m'entendre.

— Console-toi ; voici une fève qui tu planteras près de l'âtre. Elle montera si haut qu'en y grimpant tu arriveras au ciel. Adieu !

Le mendiant disparut aussitôt. Quoique peu confiant dans sa fève merveilleuse, le paysan la planta. Deux jours après, elle sortit de terre monta jusqu'au haut de la cheminée et finit par se perdre dans le ciel. Le paysan grimpa à la tige dont les feuilles lui servaient d'échelons. Après de longues heures de marche, il arriva dans une plaine délicieuse embellie par une multitude de fleurs qui l'embaumaient. Il suivit un sentier qui le conduisit à une riche habitation. C'était la demeure de saint Pierre.

— Pan ! Pan !

— Qui est là ?

— Ouvrez toujours.

Saint Pierre parut et demanda au paysan ce qu'il venait faire en ce lieu.

— Je suis venu vous trouver pour obtenir du bon Dieu une petite maison sur le penchant de la colline, avec une petite somme d'argent pour m'aider si je deviens malade.

— N'est-ce que cela ? Tu peux retourner chez toi, ton souhait est exaucé.

Après avoir remercié le portier du paradis, le paysan redescendit. Il trouva sa femme en extase devant une belle maison dans la cour de laquelle picoraient de nombreux volatiles. Malheureusement l'ambition s'empara de la paysanne. Son heureuse médiocrité[4] ne lui suffit plus. Elle força son mari à grimper de nouveau au ciel. Il le fit et arriva devant saint Pierre.

---

[4] « L'interventionnisme moral » des collecteurs de contes se trahit tout entier dans cette formule empruntée aux poètes latins : *Aurea mediocritas* : le juste milieu doré. Une formule latine qu'il est difficile d'imaginer dans la bouche d'un conteur populaire.

—Te voilà encore. Que te manque-t-il donc, pour venir me trouver ? N'as-tu pas trouvé ta maison et le petit trésor ?

—J'ai reçu tout cela et j'en serais heureux, Dieu merci, si ma femme ne m'avait pas forcé de revenir pour obtenir de Dieu un château magnifique avec de grands trésors et de riches équipages.

—Tu auras tout cela puisque tu le veux. Mais je crains que cela ne te nuise.

En rentrant, il eut peine à se frayer un passage dans la foule de valets qui encombraient un salon magnifique. Il osa à peine lever les yeux vers sa belle compagne, habillée richement et couverte de diamants, trônant au milieu de cameristes et de suivantes attentives à prévenir ses moindres désirs. L'ambitieuse princesse ne se contenta point de sa position.

—Retourne trouver le bon Dieu et demande-lui de me faire reine.

—Il m'est impossible d'agir ainsi. J'y ai déjà été deux fois, c'est bien assez. Saint-Pierre pourrait me précipiter du haut du ciel.

—Pars, je le veux ou bien je te quitte. On n'a jamais vu un homme si peu complaisant : il me laisserait mourir plutôt que de me satisfaire. Ah ! que j'ai du malheur !

Le paysan, le cœur gros, grimpa une troisième fois le long de la tige de fève. Il trouva le visage du saint singulièrement sévère. Néanmoins il fut fait droit à sa demande.

Le voilà entouré de gardes, de soldats qui veillent sur lui. Des ambassadeurs étrangers arrivent chaque jour lui apporter des présents et lui demander son amitié.

Quant à la reine, elle aurait pu jouir d'une félicité complète. Il semblait que rien n'eût dû manquer son bonheur. Il n'en était pas ainsi. Elle força de nouveau son mari d'aller demander pour elle le titre de pape. Il fallut obéir. Cette fois, le roi manqua tomber évanoui à l'aspect de saint Pierre. Il s'expliqua pourtant.

—Misérable, s'écria le saint ; comment oses-tu me demander pareille chose ? Je te préviens que je ne céderai plus à tes désirs ; Puisque ta femme veut être pape, qu'elle le soit ; grand bien lui en arrive !

Ce nouveau titre ne put pas plus que les autres suffire à la femme ; elle voulut être Dieu. Son mari grimpa une dernière fois à la tige de fève. Il n'eut pas sitôt expliqué sa demande qu'il fut précipité du haut du ciel. Il tomba meurtri devant sa cabane d'autrefois et y trouva sa femme dans ses pauvres habits de jadis. Quant à la fève, elle fut brisée par un coup de foudre épouvantable qui manqua de renverser la chaumine.

Conté en décembre 1877,
par Mademoiselle Zélia Graux, de Warloy-Baillon (Somme)

XIV. LES SIX COMPAGNONS

Six paysans se trouvaient un soir réunis à la veillée.

—J'ai toujours eu l'intention, dit l'un, d'aller voir la mer. Malheureusement il ne m'a pas encore été permis de me contenter. Vous plairait-il de partir demain avec moi pour voir cette grande masse d'eau dont on dit tant de merveilles?

Tous ayant accepté, on convint de partir le lendemain. Le jour d'après, les paysans se mirent en marche. Ils arrivèrent bientôt en vue d'une grande plaine remplie de blés auxquels le vent communiquait des ondulations pareilles à celles de l'Océan.

—La mer! la mer! s'écrièrent à la fois les six compagnons, qui se jetèrent à plat ventre dans les épis pour nager.

Ils arrivèrent à un puits profond Craignant qu'un d'eux ne fût dans le gouffre, ils se comptèrent.

—Un, deux, trois, quatre, cinq, dit l'un en oubliant de se compter.

—Il y en a un dans le puits. Que faire? Écoutez, je vais l'appeler. Hé! Thomas, y es-tu?

Il leur sembla distinguer le mot: «Oui».

Afin d'arriver au fond pour remonter leur camarade, ils appuyèrent par les deux bouts un bâton sur les bords du trou; puis Jacques, le plus fort de la bande, se suspendit par les mains à la canne. Un autre se cramponna à ses pieds, puis encore un autre, jusqu'au dernier.

—Le vois-tu? cria Jacques à celui-ci. Hâte-toi, car les mains me font mal.

—Je ne l'aperçois point.

—Il m'est impossible de vous soutenir plus longtemps. Tenez-vous bien pendant que je vais cracher dans mes mains.

Et le paysan, lâchant le bâton, tomba avec ses compagnons au fond de l'eau bourbeuse, qui les engloutit.

Conté en 1876,
par M. Bonneville, à Warloy (Somme)

Table des matières